BEI GRIN MACHT SICH IHR WISSEN BEZAHLT

- Wir veröffentlichen Ihre Hausarbeit,
  Bachelor- und Masterarbeit

- Ihr eigenes eBook und Buch -
  weltweit in allen wichtigen Shops

- Verdienen Sie an jedem Verkauf

Jetzt bei www.GRIN.com hochladen und kostenlos publizieren

Das Leib-Seele-Problem, Grundlagenfächer der Psychologie und die Relevanz psychologischer Berufsfelder in der Gesellschaft

Anja Warta

Bibliografische Information der Deutschen Nationalbibliothek:

Die Deutsche Nationalbibliothek verzeichnet diese Publikation in der Deutschen Nationalbibliografie; detaillierte bibliografische Daten sind im Internet über http://dnb.d-nb.de abrufbar.

ISBN: 9783346782229
Dieses Buch ist auch als E-Book erhältlich.

© GRIN Publishing GmbH
Nymphenburger Straße 86
80636 München

Alle Rechte vorbehalten

Druck und Bindung: Books on Demand GmbH, Norderstedt Germany
Gedruckt auf säurefreiem Papier aus verantwortungsvollen Quellen

Das vorliegende Werk wurde sorgfältig erarbeitet. Dennoch übernehmen Autoren und Verlag für die Richtigkeit von Angaben, Hinweisen, Links und Ratschlägen sowie eventuelle Druckfehler keine Haftung.

Das Buch bei GRIN: https://www.grin.com/document/1306743

Einsendeaufgabe

Einführung in die Psychologie
Alternative B

Abgegeben am 14.02.2021 per Online-Einsendung

SRH Fernhochschule - The Mobile University

Modul: Einführung in die Psychologie
Studiengang: B.Sc. Psychologie

Von
Anja Warta

Studiengang: B.Sc. Psychologie

Inhaltsverzeichnis

Abkürzungsverzeichnis

Abb.	Abbildung
Aufl.	Auflage
Bd.	Band
BDP	Berufsverband Deutscher Psychologinnen und Psychologen
bzw.	beziehungsweise
DPP	Differenzielle & Persönlichkeitspsychologie
DSM	Diagnostic and Statistical Manual of Mental Disorders
engl.	englisch
etc.	et cetera
griech.	griechisch
ICD	International Statistical Classification of Diseases and Related Health Problems
Jhdt.	Jahrhundert
lat.	lateinisch
S.	Seite
usw.	und so weiter
z.B.	zum Beispiel

Abbildungsverzeichnis

Aufgabe B1

Im ersten Kapitel dieser Arbeit wird das Leib-Seele-Problem sowie verschiedene Ansichten dessen erläutert. Folgend wird auf die Bedeutung des Leib-Seele-Problems bei psycho-somatischen Erkrankungen eingegangen. Die Auswirkung von monistischen und dualistischen Betrachtungsweisen bei psychischen Erkrankungen stellen den letzten Teil dar.

1.1 Das Leib-Seele-Problem

Zunächst einmal lässt sich feststellen, dass der Begriff "Seele" in heutigen psychologischen Forschungen nicht mehr wirklich präsent ist. Vielmehr ist Begriff *Psyche* aktuell. Diese wird durch persönliche Erfahrungen und Wahrnehmungen beeinflusst.

Schon bevor sich die Psychologie im 19 Jhdt. als eigenständige Wissenschaft etablierte, beschäftigte man sich seit der Antike mit der philosophischen Frage, wie der Körper und die Seele des Menschen zusammenhängen. Genau das beschreibt das sogenannte *Leib-Seele-Problem*. Dazu gibt es eine Vielzahl an verschiedensten Ansichten und Theorien. Demokrit behauptete beispielsweise, dass Körper und Seele nebeneinander existieren und es demnach keinen Zusammenhang gebe (**parallelistischer Dualismus**). Der griechische Philosoph *Aristoteles* ging wiederum davon aus, dass Leib und Seele eine Einheit bilden und unzertrennlich miteinander verbunden seien (**Monismus**). *Platon* war der Ansicht, dass Körper und Seele in gegenseitiger Wechselwirkung zueinander stünden (**interaktionistischer Dualismus**).

Auch in späteren Zeitepochen beschäftigte man sich immer wieder mit derselben Frage. René Descartes vermutete, dass Leib und Seele zwar grundlegend zwei verschiedene Dinge sind, diese jedoch in irgendeiner Hinsicht miteinander verbunden seien. Im 17. Jahrhundert führte er die **interaktionistisch-dualistische Idee** fort.[1] Er ging von zwei Substanzen beim Menschen aus: der geistigen Substanz, "res cogitans" und der körperlichen Substanz, "res extensa".

In der Epoche der Romantik wurden menschliche Emotionen und Empfindungen vor allem durch Theater, Kunst, Musik und Schriftstücken zum Ausdruck gebracht.

---

[1] *Galliker* (2016), S. 28; *Schmithüsen* (2015), S. 5-6

Einige bedeutende Künstler dieser Zeit waren *Franz Schubert, Heinrich von Kleist* und *E.T.A Hoffmann*. [2] *Wilhelm Wundt* (Begründer der modernen Psychologie) sprach vom **psychophysischen Parallelismus**. [3]

Um nochmals zusammenzufassen:

Der Begriff **Monismus** (griech. *monos* 'einzig, allein') beschreibt Annahmen und Theorien, welche nur von einer einzigen Substanz beim Menschen ausgehen, oder die Tatsache, dass alles Existente mit einem Grundprinzip erklärt werden kann. Beim Monismus wird z.b. zwischen dem *Materialismus, Spiritualismus, Idealismus, Behaviorismus*, der *Identitätslehre* usw. unterschieden. [4]

Der **Dualismus** (lat. *dualis* 'zwei enthaltend') meint Theorien, welche von zwei getrennten, unabhängigen Substanzen beim Menschen ausgehen. Der bekannteste Vertreter des Dualismus, war, wie bereits erwähnt, René Descartes. Auch hier gibt es verschiedene Richtungen des Dualismus wie beispielsweise: der *Parallelismus*, der *Epiphänomenalismus* oder der *Interaktionismus*. [5]

In der Neuzeit spielen dualistische Ideen immer noch eine Rolle. Das Leib-Seele-Problem und die damit verbundene Frage nach dem Zusammenhang von Körper und Seele ist also nach wie vor präsent. [6] In der modernen Psychologie spricht man jedoch viel mehr von einer gegenseitigen Wechselwirkung zwischen psychischen (z.B. ein Gedanke) und physischen Prozessen (z.B. eine Handlung), anstatt von zwei verschiedenen Parallelen. [7]

1.2 Die Bedeutung des Leib-Seele-Problems für die Erklärung psycho-somatischer Erkrankungen

Zunächst einmal lässt sich feststellen, dass bei allen Krankheiten **körperliche**, **psychische** und **soziale Faktoren** zusammenspielen. Die Gewichtung der einzelnen Faktoren kann dabei immer sehr unterschiedlich ausfallen.

---

[2] Vgl. *Mühlfelder* (2017a), S. 12-13
[3] Vgl. *Eckardt* (2019), S. 7
[4] Vgl. *Pritzel* (2016), S. 283
[5] Vgl. *Pritzel* (2016), S. 272
[6] Vgl. *Becker-Carus/ Wendt* (2017), S. 3
[7] Vgl. *Mühlfelder* (2017a), S. 14-15

Der Begriff *Psychosomatik* repräsentiert, dass Körper und Seele zwei untrennbar miteinander verbundene Aspekte sind. Diese werden nur aus methodischen Gründen oder zum besseren Verständnis unterschieden. [8] Erstmals verwendet wurde der Begriff **psycho-somatisch** im Zuge einer Diskussion für das Symptom "Schlaflosigkeit" von *Johann Christian August Heinroth*. [9] Der Begriff psychosomatisch wurde später in der Psychopathologie grundsätzlich durch die Alternative "**somatoform**" abgelöst, ist jedoch im klinischen Alltag nach wie vor in Verwendung. [10]

Ein Mensch, der nun speziell an einer somatoformen Störung leidet, weist **physische Beschwerden** oder **Krankheiten** auf, welche anhand von medizinischen Befunden **nicht ausreichend erklärt** werden konnten. Darüber hinaus sind die Symptome dabei so stark, dass diese den Alltag der betroffenen Person erheblich beeinträchtigen und einschränken. Charakteristische Beispiele sind Rückenschmerzen, Bauchschmerzen, Gliederschmerzen, Blähungen, Durchfall, Schwitzen etc.

Der Beginn solch einer Erkrankung ist meist im Jugend- oder im jungen Erwachsenenalter. Bei sehr schwerwiegenden Fällen spricht man auch von einer sogenannten *Somatisierungsstörung*. [11] Die bedeutendsten, ätiologischen Modelle zur Erklärung psychosomatischer Störungen sind: die *somatosensorische Verstärkung*, das *psychobiologische Filtermodell*, die *psychodynamischen* und *tiefenpsychologischen* Konzepte, sowie die *interpersonelle Perspektive*. Diese werden nun kurz erläutert.

Somatosensorische Verstärkung: es wird davon ausgegangen, dass Betroffene körperlichen Missempfindungen große Aufmerksamkeit schenken und diese als bedrohlich ansehen.

Psychobiologisches Filtermodell: nimmt an, dass körperliche Symptome einen Auswahlprozess durch das kognitive System durchlaufen. (Filtermodell) Ein gestörter Filter lenkt den Fokus auf die somatosensorischen Reize.

Psychodynamische und tiefenpsychologische Konzepte: durch negative Bindungs- und Beziehungserfahrungen entstandene Defizite oder intrapsychische Konflikte im emotionalen Erleben werden als Ursache gesehen.

---

[8] Vgl. *Fritzsche/ Wirsching* (2006), S. 4-5
[9] Vgl. *Wallace/ Gach* (2008), S. 486
[10] Vgl. *Caspar/ Pjanic/ Westermann* (2018), S. 115
[11] *Gerrig* (2015), S. 577; *Linden/ Hautzinger* (2015), S. 591

Monistische, sowie dualistische Betrachtungsweisen haben keinen bedeutenden Stellenwert mehr. Stattdessen wurden diese von einem komplexen, multifaktoriellen biopsychosozialen Modell abgelöst.

Interpersonelle Perspektive: hier werden ein ängstlich-unsicherer Bindungsstil und eine Körperbeziehungsstörung (negative Erfahrungen mit dem eigenen Körper) als Auslöser angesehen. [12]

Die Psychosomatische Medizin heutzutage geht davon aus, dass psychosomatische Faktoren einschließlich durch eine Wechselwirkung zwischen Körper und Seele bedingt sind. [13] Trotz einem guten Jahrhundert Hirnforschung lassen sich bis jetzt nur wenige seelische Prozesse neuronal erklären. Abgesehen davon wird das Leib-Seele-Problem seit dem Behaviorismus in der Psychologie nicht mehr wirklich diskutiert, sondern viel mehr in der Philosophie. [14]

1.3 Auswirkungen monistischer und dualistischer Betrachtungsweisen auf die Behandlung psychischer Krankheiten

Wie wahrscheinlich bereits erkenntlich wurde, existieren unzählig verschiedene Auffassungen und Theorien zum Leib-Seele-Problem und es scheint demnach keine eindeutige Antwort darauf zu geben. Nun stellt sich folgende Frage: Hat die persönliche Haltung (eines Arztes/Psychologen etc.) zum Leib-Seele-Problem Auswirkungen auf die berufliche Tätigkeit? Und wenn ja, inwiefern? Genau diese Frage wird im letzten Unterkapitel der Aufgabe B1 genauer beleuchtet.

Der Zusammenhang zwischen dem Leib-Seele-Problem und Auswirkungen auf die praktischen Tätigkeiten von Psychotherapeuten sind mehrfach diskutiert worden, jedoch wurden die Hypothesen bisher kaum empirisch untersucht.

Untersuchungen von *Fahrenberg & Cheetham* (2000) zeigten jedoch, dass sowohl Ärzte als auch Psychologen im Rahmen einer Erhebung größtenteils angaben, dass ihr eigener Standpunkt zum Leib-Seele-Problem sehr wohl Auswirkungen auf die berufliche Tätigkeit habe. Aus dem anschließenden Diagramm lässt sich Folgendes entnehmen:

---

[12] Vgl. *Caspar/ Pjanic/ Westermann* (2018), S. 122-124
[13] Vgl. *Bauer/ Kächele* (2005), S. 15
[14] Vgl. *Hecht/ Desnizza* (2012), S. 182-183

- 75% der Befragten haben angegeben, dass die persönliche Ansicht des Leib Seele-Problems ihre Auswahl der **Untersuchungsmethoden** "bestimmt" beeinflusse
- 80% haben angegeben, dass ihre **Behandlungsmethoden** "bestimmt" beeinflusst werden würden
- 64% haben angegeben, dass der **Umgang** mit den **Patienten** "bestimmt" beeinflusst werden würde [15]

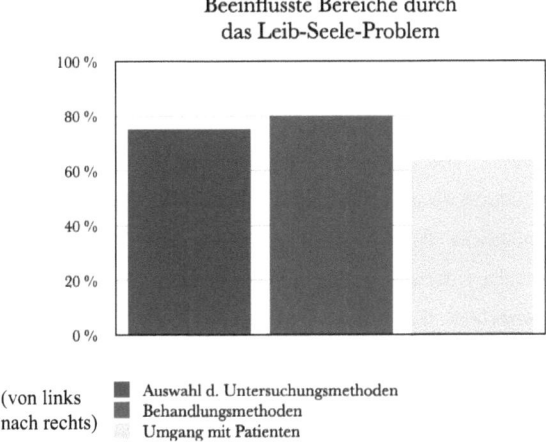

Abb. 1.: Beeinflusste Bereiche durch das Leib-Seele-Problem (Quelle: eigene Darstellung in Anlehnung an Fahrenberg, 2007)

Wenn man nun annimmt, dass die persönliche Haltung des Leib-Seele-Problems tatsächlich Einfluss auf die berufliche Tätigkeit mit sich bringt, so empfiehlt Fahrenberg, dass es zum wissenschaftlichen Standard gehören sollte, die eigene Einstellung transparent zu machen. [16] Abschließend zu diesem Kapitel lässt sich feststellen, dass sich die Behandlung (am Beispiel somatoformer Erkrankungen) am Schweregrad der Störung orientieren sollte. Sowohl die somatische als auch psychologische Sicht sollten miteinbezogen und weiters eine symptom- und bewältigungsorientiere, bzw. biopsychosoziale Haltung eingenommen werden. [17]

---

[15] *Fahrenberg* (2007), S. 8; *Fahrenberg/ Cheetham* (2000), S. 55
[16] *Fahrenberg* (2007), S. 8, Fahrenberg/ Cheetham (2000), S. 55
[17] *Vgl. Caspar/ Pjanic/ Westermann* (2018), S. 125

9

Aufgabe B2

Im zweiten Kapitel dieser Arbeit wird zuerst ein Überblick über die Grundlagenfächer der Psychologie und der angewandten Forschung gegeben. Danach wird mittels eines Beispiels der konkrete Zusammenhang bzw. das Zusammenspiel zwischen der Grundlagenforschung und angewandten Disziplinen erörtert.

2.1 Grundlagenfächer versus Angewandte Psychologie

Die Psychologie ist die wissenschaftliche Untersuchung des *Erlebens* und *Verhaltens* von Individuen und deren *kognitiven Prozessen*.

Zur **Grundlagenforschung** (engl. *'basic research'*) der Psychologie zählen folgende Felder: Die Allgemeine Psychologie, die Entwicklungspsychologie, die Sozialpsychologie, die Differentielle- & Persönlichkeitspsychologie sowie die Biologische Psychologie. Psychologen und Psychologinnen, die im Bereich der Grundlagenforschung tätig sind, verfolgen jene Intentionen: (menschliches) Verhalten **beobachten** und **beschreiben**, **erklären**, **vorhersagen** und **beeinflussen**. Ziel der GrundlagenforscherInnen ist es ebenfalls, das Spektrum des wissenschaftlich fundierten Basiswissens stetig zu erweitern und vergrößern. [18]

Im weiteren Verlauf dieses Kapitels wird nun ein kurzer Überblick über die jeweiligen Grundlagenfächer gegeben.

Die **Allgemeine Psychologie** ist ein Teilgebiet der Psychologie und umfasst daher <u>nicht</u>, wie manchmal fälschlicherweise angenommen wird, die gesamte Psychologie. Viel mehr beschäftigt sie sich mit allgemeingültigen Gesetzmäßigkeiten des Erlebens und Verhaltens (Wahrnehmung, Motivation, Emotionen und Gedächtnis) und deren Ursachen und Wirkung.

Es wird sich nicht damit befasst, was Menschen voneinander unterscheidet, sondern die Gemeinsamkeiten beschrieben. Der Universalismus und der Funktionalismus fungieren als bedeutende Leitideen in der Forschung. Außerdem interessiert sich die Allgemeine Psychologie für Prozesse und Mechanismen, in denen psychische Vorgänge ablaufen, weniger für deren Inhalte. [19] Darüber hinaus versucht die Allgemeine Psychologie

---

[18] *Gerrig* (2015), S. 2-6; *Müsseler/ Rieger* (2017), S. 2; *Myers* (2014), S. 11
[19] *Becker-Carus/ Wendt* (2017), S. 2; *Müsseler/ Rieger* (2017), S. 4, *Strobach/ Wendt* (2019), S. 1-2

10

allgemeingültige Regeln der Grunddimensionen zu finden, um den Aufgaben der Psychologie gerecht zu werden. Mit den Grunddimensionen, welche bereits von Aristoteles und Platon beschrieben wurden, sind folgende Aspekte gemeint: das **Denken** (Kognition), das **Fühlen** (Emotion) und das **Wollen** (Motivation). [20]

Grundsätzlich lässt sich sagen, dass sich ein Mensch sein Leben lang verändert (entwickelt), und zwar genauer genommen von dem Moment an, wenn es zur Befruchtung der Eizelle kommt. Im Laufe der Zeit entwickelt der Mensch Fähigkeiten, Eigenschaften, Neigungen, Körperfunktionen und viel mehr. [21] Die **Entwicklungspsychologie** ist jene Teildisziplin der Psychologie, welche sich mit diesen langfristigen Veränderungen im Verhalten und Erleben auseinandersetzt. Die Veränderungen versucht man zu beschreiben, erklären und vorherzusagen. Weiters möchte man Gemeinsamkeiten und Unterschiede in individuellen Entwicklungsverläufen verstehen. Wie die Entwicklung eines Individuums verläuft, hängt unter anderem von verschiedensten Einflussfaktoren und Bedingungen ab. [22]

Die **Sozialpsychologie** wiederum beschäftigt sich damit, wie das Denken, Fühlen und Verhalten von Individuen durch die Anwesenheit von anderen Menschen beeinflusst wird. Das bedeutet, es werden psychologische Prozesse eines Individuums in Relation zu dessen sozialer Umwelt unter die Lupe genommen. Andererseits wird ebenfalls betrachtet, wie die soziale Umwelt durch das Denken und Handeln einer einzelnen Person beeinflusst wird. Diese Beeinflussung von Individuum und sozialer Umwelt ist also genauer gesagt eine Wechselwirkung. [23]

Die **Differentielle Psychologie** setzt sich mit der *interindividuellen* und *intraindividuellen* Betrachtung von Verhalten und Erleben auseinander. Unter interindividuell versteht man die Betrachtung von Unterschieden zwischen verschiedenen Menschen. Intraindividuell stellen längerfristige Unterschiede bei ein und derselben Person dar. Es werden Unterschiede in biologischen, psychologischen und sozio-kulturellen Strukturen erforscht.

[20] Vgl. *Schmithüsen* (2015), S. 26
[21] Vgl. *Greve/ Thomsen* (2019), S. 1
[22] Vgl. *Kray* (2019), S. 1-2
[23] Vgl. *Kessler/ Fritsche* (2018), S. 3-4

In der **Persönlichkeitspsychologie** wird zwischen der Allgemeinen Persönlichkeitspsychologie und der Differentiellen Persönlichkeitspsychologie unterschieden. Die Allgemeine Persönlichkeitspsychologie fokussiert sich auf Gemeinsamkeiten und generelle Eigenschaften beim Menschen, während die Differentielle Persönlichkeitspsychologie Unterschiede von Eigenschaften zwischen Personen untersucht. Trotz Unterschiede werden die Differenzielle & Persönlichkeitspsychologie (DPP) heutzutage im deutschsprachigen Raum oft einheitlich verwendet. So spricht man meist nur noch von der Persönlichkeitspsychologie. [24]

Das Teilgebiet der **Biologischen Psychologie** erforscht Zusammenhänge und Beziehungen zwischen dem (menschlichen) Verhalten und biologischen Prozessen des Körpers. Genauer gesagt geht es darum, wie Körper und Seele zusammenhängen. Dabei werden alle Organe und verschiedene Systeme des Körpers betrachtet, jedoch stellt das Nervensystem, vor allem das Gehirn einen sehr wesentlichen Teil dar. Einige Teildisziplinen der Biopsychologie sind beispielsweise die Psychophysiologie, die Physiologische Psychologie oder die Neuropsychologie. Auf diese Teildisziplinen wird jedoch nicht genauer eingegangen, da dies den Rahmen der Arbeit überschreiten würde. [25]

Die **Angewandte Forschung** (engl. 'applied research') stellt die Komplementäre zur Grundlagenforschung dar. Diese versucht Probleme durch wissenschaftliche Untersuchungen konkret zu lösen. [26] Psychologische Anwendungsfächer sind beispielsweise: die Arbeits- und Organisationspsychologie, die Pädagogische Psychologie, die Markt- und Werbepsychologie, die Medien- und Kommunikationspsychologie, die Klinische Psychologie, die Rehabilitationspsychologie und viele weitere. [27] Die angewandten Disziplinen haben das Ziel, dass sie mithilfe der Grundlagen theoretischer Modelle den Zusammenhang zwischen äußeren Reizen und intrapsychischen Prozessen analysieren. Daraufhin wird versucht, konkrete Handlungsempfehlungen auszusprechen. Dies kann in vielen unterschiedlichen Tätigkeitsbereichen sein wie z.B. in der Erziehung oder in der Therapie. [28]

---

[24] *Rauthmann* (2016), S. 1-2; *Rauthmann* (2017), S. 4-5
[25] *Birbaumer/ Schmidt* (2010), S. 2-3; *Schröger* (2010), S. 9-12
[26] Vgl. *Myers* (2014), S. 11
[27] Vgl. *Mühlfelder* (2017a), S. 21
[28] Vgl. *Mühlfelder* (2017b), S. 14

12

2.2 Grundlagen der Persönlichkeitspsychologie in der Klinischen Psychologie

Die Persönlichkeitspsychologie ist für viele angewandte psychologische Bereiche attraktiv, unter anderem z.b. auch für die Klinische Psychologie bei der Behandlung von Persönlichkeitsstörungen.[29] Die Klinische Psychologie ist eine angewandte Disziplin in der Psychologie. Diese beschäftigt sich mit psychischen Störungen und deren Behandlung, sowie der Prävention und der Versorgung von Betroffenen.[30] Im Folgenden wird nun im Genaueren darauf eingegangen, welche Grundlagen der Persönlichkeitspsychologie sich in der Klinischen Psychologie widerspiegeln, bzw. in welcher Hinsicht.

Mit Persönlichkeit meint man die Individualität eines Menschen in seiner körperlichen Erscheinung, seines Verhaltens und Erlebens- also der Gesamtheit der Persönlichkeitseigenschaften.[31] Die Persönlichkeitspsychologie betrachtet den Menschen in seiner Gesamtheit und beschäftigt sich mit den Prozessen des Verhaltens und Erlebens am Beispiel von gesunden Individuen gleichen Alter und gleicher Kultur. Nichtsdestotrotz bedient sie sich auch an den Erfahrungen klinisch tätiger Psychologen. Andererseits wirken sich auch die Grundlagen und Ergebnisse der Persönlichkeitsforschung auf Versuche klinischer Psychologen aus.[32]

Die Ziele der wissenschaftlichen Theorien über Persönlichkeit sind folgende:

Verhaltensbeschreibung: menschliches Verhalten beobachten und beschreiben, systematisches Beobachten und Bewerten

Verhaltenserklärung: Erklärungen für die Beobachtungen liefern

Verhaltensvorhersage: zukünftige Erklärungen treffen

Persönlichkeitsveränderung: die Persönlichkeit durch therapeutische oder allgemeine Maßnahmen verändern (nur bei älteren Ansätzen vertreten wie z.B. den psychodynamischen- nicht jedoch bei neueren Ansätzen!)

---

[29] Vgl. Rauthmann (2017), S. 5
[30] Vgl. *Caspar/ Pjanic/ Westermann* (2018), S. 1
[31] Vgl. *Asendorpf* (2019), S. 1-2
[32] Vgl. *Becker* (2014a), S. 9

Zudem lassen sich Persönlichkeitstheorien in verschiedene Gruppen einordnen: die *psychodynamischen* Ansätze, die *eigenschaftsbezogenen* und *biologischen* Ansätze, die *phänomenologischen* Ansätze, die *sozial-kognitiven* Ansätze und *handlungstheoretische* Theorien. [33]

Persönlichkeitsstörungen liegen dann vor, wenn ein Mensch ein überdauerndes Muster von innerem Erleben und Verhalten aufweist, welches von sozio-kulturellen Erwartungen und Normen stark abweicht und gleichzeitig zu Beeinträchtigungen führt. Der Beginn einer Persönlichkeitsstörung hat häufig in der Kindheit oder Jugend seinen Ursprung. [34] Im Gegensatz zu Psychosen bleibt der Bezug zur Realität bei Persönlichkeitsstörungen weiterhin erhalten, außerdem lassen sich diese bis zu einem gewissen Grad aus der Lebensgeschichte des/ der Betroffenen zurückführen. Die Behandlung kann in Form einer Psychotherapie erfolgen.

Zur Diagnostik von Persönlichkeitsstörungen stehen in der Klinischen Psychologie zwei Klassifikationssysteme zur Verfügung: die ICD-10 und das DSM-IV-TR.

ICD= Internationale Statistische Klassifikation der Krankheiten und verwandter Gesundheitsprobleme

DSM= Diagnostisches und Statistisches Manual Psychischer Störungen

Damit eine Persönlichkeitsstörung differenziert werden kann müssen folgende Kriterien erfüllt werden:

- Das abweichende Muster muss andauernd, unflexibel und über viele Situationen hinweg konstant sein
- Es geht ein Leidensdruck einher, welches das Leben der/ des Betroffenen persönlich, sozial oder beruflich einschränkt bzw. beeinflusst
- Zeitlicher Beginn in der Kindheit oder im Jungendalter, überdauernd über einen längeren Zeitraum
- Das Muster wurde nicht als Bestandteil einer anderen psychischen Störung diagnostiziert
- Das Muster entstand nicht durch das Einnehmen von psycho-aktiver Substanzen

---

[33] Vgl. *Becker* (2014a), S. 14-15
[34] *Berking/ Rief* (2012), S. 163; *Caspar/ Pjanic/ Westermann* (2018), S. 131

14

Dazu muss sich die Störung auf zwei oder mehrere Bereiche der folgenden erkenntlich zeigen: Kognition (Gedanken, Wahrnehmung), Affektives Verhalten (Emotionen), Interaktion mit anderen Menschen, Impulskontrolle. [35]

Persönlichkeitsstörungen lassen sich des Weiteren in Cluster A (exzentrisch, sonderbar), Cluster B (dramatisch/emotional) und Cluster C (ängstlich/ vermeidend) einteilen. Eine ausführliche Erklärung dieser erfolgt aufgrund des begrenzten Limits der Arbeit nicht. [36]

Aufgabe B3

Das dritte und somit auch letzte Kapitel dieser Arbeit behandelt drei psychologische Berufsfelder und deren Relevanz in der Gesellschaft. Ferner wird evaluiert, in welchen Feldern eine Weiterentwicklung und Fortbildung von (fachspezifischen) Kenntnissen erfolgen sollte, um so ein professionelles Handeln zu ermöglichen.

3.1 Die Pädagogische Psychologie

Die Pädagogische Psychologie (engl. *'educational psychology')* befasst sich grundlegend mit den Teilbereichen Erziehungspsychologie und der Lehr-Lern-Psychologie und verfolgt das Ziel, Erziehung aus der Perspektive der Psychologie zu betrachten. Die Tätigkeitsfelder von Pädagogischen Psychologen sind zudem sehr vielfältig. Einige der möglichen Arbeitsfelder sind: (Hoch)schulen, Familien- und Erziehungsberatung, Aus- und Weiterbildung, Organisations- und Berufsberatung, Anwendung von Unterrichtsmedien, Entwicklung. Drei Felder haben sich bei der Auswahl an Praxisfeldern von Pädagogischen Psychologen jedoch besonders herauskristallisiert: **Schulpsychologische Dienste, Forschung/Lehre/Weiterbildung** und **Beratungsstellen.** [37]

Die Tätigkeit in Bildungseinrichtungen und in der Weiterbildung werden nun in den nächsten Unterkapiteln als Beispiel herangezogen und veranschaulicht.

---

[35] Vgl. *Becker* (2014b), S. 51-53
[36] Vgl. *Caspar/ Pjanic/ Westermann* (2018), S. 133
[37] Vgl. *Myers* (2014), S. 746-751

3.1.1 Tätigkeit in staatlichen Bildungseinrichtungen

Psychologen und Psychologinnen, welche in staatlichen Bildungseinrichtungen tätig sind, betreuen hauptsächlich Menschen im Kindes- und Jugendalter. Diese wollen in der Gesellschaft den Zweck erfüllen, optimale Bedingungen für Entwicklungs- und Reifungsprozesse zu schaffen. In diesem Gebiet sind Fachkenntnisse über erfolgreiche Entwicklungs- und Sozialisationsverläufe und klinische Störungsbilder von essenzieller Bedeutung. Weiters sollte man sich auch in den Themen der Bildungs- und Sozialpolitik und in der gesellschaftlichen & demokratischen Entwicklung laufend weiterbilden und auf dem neuesten Stand bleiben. Darüber hinaus sollte das regelmäßige Lesen von Fachzeitschriften, und das Besuchen von Kongressen/ Tagungen selbstverständlich sein.

Weiters sind auch die Aneignung von Office-Anwendungen, ein grundlegendes Interesse an neuen Medien, sowie der Erwerb von Basiskenntnissen in der englischen Sprache von Vorteil. Andere Bereiche und Kompetenzen, in welchen Fachwissen stets erweitert und ausgebaut werden sollte, um professionell handeln zu können sind beispielsweise: Krisenintervention & Konfliktmanagement, Unterrichtsdidaktik & Klassenführung, Methoden in Coaching, Vortragstechnik & Supervision, Lernprozesse/Verhaltensformen/Entwicklungsverläufe von Kindern und Jugendlichen, Methoden des sozialen und kooperativen Lernens und noch einige weitere. Auch eine Promotion kann überlegt werden, da ein Doktortitel bei manchen Arbeitsstellen eine Voraussetzung sein kann. [38]

3.1.2 Tätigkeit in der Fort- und Weiterbildung

In der Fort- und Weiterbildung hingegen wird die bedarfsorientierte Vermittlung berufsrelevanter Kompetenzen angestrebt. Dadurch sollen Erwerbstätige zur Verrichtung einer Arbeit befähigt werden, bzw. die Befähigung einer Arbeit aufrechterhalten werden. Fachkenntnisse über Weiterbildungsmotivation- und verhalten sowie didaktische Fähigkeiten und Präsentationstechniken bilden hier das Grundfundament.

Eine laufende Weiterbildung auf den Gebieten Branchenkenntnisse (z.B. wirtschaftliche Entwicklung von Branchen) und Qualifizierungsbedarf der Kunden (z.B. Wandel der Bildungsanforderungen von bestimmen Berufsgruppen) sind anzustreben.

---

[38] *BDP* (2018) S. 26; *Mendius/Werther* (2019), S. 169-171

Zudem werden folgende Statistik- und Methodenkompetenzen benötigt: nachvollziehbare Analysen, Evaluation von Bildungsmaßnahmen und Bearbeitung von organisationsspezifischen Fragestellungen. Ein sicherer Umgang mit Office-Anwendungen und ein fundiertes Wissen an Medien sind ebenfalls sehr empfehlenswert. Die Englischkenntnisse sollten verhandlungssicher sein, vor allem wenn eine Zusammenarbeit mit internationalen Organisationen angestrebt wird.[39]

Viele Tätigkeitsfelder der Pädagogischen Psychologie verfolgen also das gemeinsame Ziel, bestimmtes Wissen altersgerecht und nachhaltig zu vermitteln, sowie lernförderliche Rahmenbedingungen zu schaffen. Theoretische Überlegungen helfen bei der Analyse von Motivations- und Lernproblemen. Aus diesen Ansätzen lassen sich folglich konkrete Ideen für die Praxis ableiten.[40]

3.2 Die Wirtschaftspsychologie

Die Wirtschaftspsychologie ist ebenso wie die Pädagogische Psychologie eine angewandte Disziplin. Theorien, Erkenntnisse und Methoden der Psychologie werden hierbei auf den wirtschaftlichen Aspekt bezogen.[41] Auch in der Wirtschaftspsychologie ist die Auswahl an unterschiedlichen Berufswegen sehr breit gefächert. Einige mögliche Berufsfelder wären beispielsweise die Tätigkeit als Arbeitspsychologe, Personalpsychologe, Trainer/Coach, Unternehmensberater, Markt- & Meinungsforscher oder Organisationspsychologe. Auf die Arbeitspsychologie und Personalpsychologie wird im Folgenden etwas genauer eingegangen.

3.2.1 Tätigkeit in der Arbeitspsychologie

Arbeitspsychologen beschäftigen sich mit Bewertung, Analysen sowie Gestaltung von Arbeitssystemen und Arbeitstätigkeiten und verfolgen dabei das Ziel, Arbeit so zu gestalten, dass Lern- und Entwicklungsfortschritte erzielt werden können und die Gesundheit und Leistungsfähigkeit aufrecht erhalten bleibt. Neben der Erwerbsarbeit gehören auch die Hausarbeit, ehrenamtliche Arbeit oder gesellschaftliche Probleme wie z.B. die Arbeitslosigkeit dazu.

---

[39] Vgl. *Mendius/ Werther* (2019), S. 169-171
[40] Vgl. *Schuster* (2017), S. 3
[41] Vgl. *Moser* (2015), S. 2

In der Gesellschaft sind sie in verschiedensten Branchen tätig wie z.b. im öffentlichen Dienst, in der Privatwirtschaft in der Kultur, Umwelt und in vielen weiteren Bereichen. Da die Arbeitswelt einem konstanten Wandel ausgesetzt ist, ändern sich mit der Zeit auch die Aufgabengebiete der Arbeitspsychologen.

Die Fort- und Weiterbildungen in der Arbeitspsychologie lassen sich, je nach Interessen, flexibel gestalten. Viele Praxiserfahrungen in den Bereichen Projektaufbau, Akquisition und Unternehmensführung sind ein essenzieller Bestandteil. Für Menschen, die im Bereich "Arbeitsschutz" tätig sind, wäre beispielsweise die Zusatzqualifikation "Fachkraft für Arbeitssicherheit" sinnvoll. Dazu sollten laufende Seminare, Tagungen, Kongresse und Dergleichen regelmäßiger Bestandteil in der Weiterbildung sein. [42]

3.2.2 Tätigkeit in der Personalpsychologie

Diese befasst sich mit diversen Fragestellungen betreffend die Entwicklung, Beurteilung und Auswahl von Mitarbeitern und Führungskräften. Dabei kommen zahlreiche diagnostische Methoden zum Einsatz. Im Mittelpunkt steht der Mensch mit seinen individuellen Eigenschaften und Fähigkeiten. Diese werden in Relation zur Arbeit (in einem Unternehmen) betrachtet. Ziel ist es, sowohl den Wünschen und Bedürfnissen des Arbeitnehmers als auch den Anforderungen einer Organisation etc. gerecht zu werden.

Sich über relevante Entwicklungen in der Psychologie auf dem Laufenden zu halten, ist auch hier unerlässlich. Bei einer Tätigkeit im Gebiet "Eignungsdiagnostik" ist eine Zertifizierung nach DIN 33430 "Anforderungen an Verfahren und deren Einsatz bei berufsbezogenen Eignungsbeurteilungen" empfehlenswert. Des Weiteren können beispielsweise Fortbildungen im Arbeits- und Sozialrecht in Erwägung gezogen werden. [43]

3.3 Die Klinische Psychologie

Wie bereits zuvor erwähnt, beschäftigt sich die Klinische Psychologie in der Forschung und Praxis mit psychischen Störungen und den psychischen Aspekten somatischer Störungen und Krankheiten. Während bis in die 1960er Jahre die hauptsächliche Aufgabe von klinischen Psychologen und Psychologinnen daraus bestand,

[42] Vgl. *Mendius/ Werther* (2019), S. 82-86
[43] Vgl. *Mendius/ Werther* (2019), S. 90-97

Persönlichkeitsgutachten zu erstellen und Diagnostik zu betreiben, so umfasst diese heutzutage wesentlich mehr Bereiche. [44] Dazu gehören beispielsweise Verhaltensmedizin, Psychotherapie, neurobiologische Forschung, klinisch-psychologische Diagnostik, neue Formen der Intervention und die Erforschung der professionellen Entwicklung klinischer Psychologen. [45] In den letzten zwei Unterkapiteln wird anschließend auf zwei mögliche Berufsfelder von Klinischen PsychologInnen eingegangen

3.3.1 Tätigkeit in Kliniken

Sowohl im ambulanten, als auch im stationären Bereich können Psychologen und Psychologinnen in einer Psychiatrie arbeiten. Im stationären Bereich stehen Kriseninterventionen oder intensive Therapien im Vordergrund, während im ambulanten Bereich die Diagnostik und Begutachtung psychischer Störungen stattfindet. Um in einer Psychiatrie arbeiten zu können, wird eine Weiterbildung zum Psychotherapeuten vorausgesetzt. Für die Approbation ist nach dem Master eine 3 bis 5-jährige Weiterbildung an einem geeigneten Institut erforderlich. Diese umfasst rund 4200 Stunden in verschiedenen Gebieten wie z.B. einer theoretischen und praktischen Ausbildung, Krankenbehandlung unter Supervision und einer Selbsterfahrung (Reflexion über eigenes therapeutisches Handeln). Im Anschluss findet eine theoretische und praktische Prüfung statt. Wenn diese bestanden ist, wird die Approbation als Psychologischer Psychotherapeut erteilt. Für Psychotherapeuten ist eine berufliche Weiterbildung verpflichtend. [46]

3.3.2 Tätigkeit in Beratungseinrichtungen

Die Vielfältigkeit in Beratungseinrichtungen ist wahnsinnig groß. Diese geht von Beratungsstellen von Kindern & Jugendlichen, Familien, Schwangeren über Stellen bei sexuellem Missbrauch, Essstörungen bis hin zu Beratungsstellen bei Suizidgefährdung und noch vieles mehr. Dadurch unterscheiden sich auch die Tätigkeiten je nach

---

[44] Vgl. *Berking/ Rief* (2012), S. 2
[45] Vgl. *Caspar/ Pjanic/ Westermann* (2018), S. 1
[46] Vgl. *Mendius/ Werther* (2019), S. 22-28

Arbeitsfeld stark. Die Arbeit erfolgt hierbei immer im multiprofessionellen Team. Das bedeutet, man arbeitet häufig mit (Sozial)Pädagogen, Psychiater und dergleichen zusammen. Die Bereitschaft, sich aktuellen Entwicklungen im Bereich der Beratung zu stellen, sowie entsprechende Seminare und Fortbildungen zu besuchen, sollte stets gegeben sein. Grundkenntnisse über systematische Gesprächsführung und Gesprächspsychotherapie sollten laufend ergänzt und auf dem aktuellen Stand gehalten werden. Beliebte Zusatzausbildungen sind die Systematische (Familien)Therapie & die (Hypno)systemische Kinder- und Jugendlichenpsychotherapie. [47]

Grundsätzlich lässt sich sagen, dass die Gesellschaft zunehmend psychologischer Expertise bedarf, da sich einige Wandlungen in der Gesellschaft nicht ausreichend allein durch politisches Handeln meistern lassen. Beispiele dafür wären die Familienarbeit oder lebenslanges Lernen. Darüber hinaus verfügt die Psychologie als Wissenschaft über zahlreiche, empirisch belegte Erkenntnisse über verschiedene Gebiete wie z.B. der Bewältigung von Systemkonflikten, dem Umgang mit Krisensituationen und vielem mehr. Die Psychologie kann also einen wesentlichen Beitrag leisten, um gesellschaftliche und individuelle Herausforderungen, Krisen und Probleme bestmöglich zu meistern. Ein wichtiges Ziel besteht darin, die Erkenntnisse der Psychologie vor allem bei wirtschaftspolitischen und gesellschaftlichen Fragen in Zukunft mehr zu etablieren, um so einen positiven Beitrag zu leisten und Veränderungen erreichen zu können. [48]

---

[47] Vgl. *Mendius/ Werther* (2019), S. 51-57
[48] Vgl. *BDP* (2014), S. 17-19

Literaturverzeichnis

Asendorpf, J. B. (2019), Persönlichkeitspsychologie für Bachelor, 4. Aufl., Berlin.

Bauer, J. & Kächele, H. (2005), Psychosomatische Medizin: Beziehungen zur Neurobiologie und Psychiatrie. In Psychotherapie 10 Jahrgang, Bd. 10, Heft 1, München.

Becker, B. (2014a), Grundlagen der Differenziellen und Persönlichkeitspsychologie, 1. Aufl., Riedlingen.

Becker, B. (2014b), Praxisfelder der Differenziellen und Persönlichkeitspsychologie, 1. Aufl., Riedlingen.

Becker-Carus, C. & Wendt, M. (2017), Allgemeine Psychologie, 2. Aufl. Deutschland.

Berking, M. & Rief, W. (2012), Klinische Psychologie und Psychotherapie für Bachelor: Band I: Grundlagen und Störungswissen, 1. Aufl., Heidelberg.

Birbaumer, N. & Schmidt, R. F. (2010), Biologische Psychologie, 7. Aufl., Heidelberg.

Caspar, F., Pjanic, I. & Westermann, S. (2018), Klinische Psychologie, 1. Aufl., Wiesbaden.

Eckardt, G. (2019), Ausgewählte Texte zur Entstehung der Psychologie als Wissenschaft, 1. Aufl., Wiesbaden.

Fahrenberg, J. (2007), Gehirn und Bewusstsein. In S. Gauggel und M. Hermann, Handbuch der Neuropsychologie und Biologischen Psychologie, Göttingen: Hogrefe, S. 1-11.

Fahrenberg, J. & Cheetham, M. (2000), The Mind-Body Problem As Seen By Students Of Different Disciplines, Journal of Conciousness Studies 7, No. 5, 47-59.

Fritzsche, K. & Wirsching, M. (2006), Psychosomatische Medizin und Psychotherapie, 1. Aufl., Heidelberg.

Gulliker, M. (2016), Ist die Psychologie eine Wissenschaft? Ihre Krisen und Kontroversen von den Anfängen bis zur Gegenwart, 1. Aufl., Wiesbaden.

Gerrig, R.J. (2015), Psychologie, 20. Aufl., Hallbergmoos.

Greve, W. & Thomsen, T. (2019), Entwicklungspsychologie: Eine Einführung in die Erklärung menschlicher Entwicklung, 1. Aufl., Wiesbaden.

Hecht, H. & Desnizza, W. (2012), Psychologie als empirische Wissenschaft: Essentielle wissenschaftstheoretische und historische Grundlagen, 1 Aufl., Heidelberg.

Kessler, T. & Fritsche, I. (2018), Sozialpsychologie, 1. Aufl., Wiesbaden.

Knoke, M. (2016), Wissenschaftliches Arbeiten und Schreiben, 4. Aufl., Riedlingen.

Kray, J. (2019), Entwicklungspsychologie: Ein Überblick für Psychologiestudierende und –interessierte, 1. Aufl., Berlin.

Linden, M. & Hautzinger M. (2015), Verhaltenstherapiemanual, 8. Aufl., Heidelberg.

Mendius, M. & Werther, S. (2019), Faszination Psychologie- Berufsfelder und Karrierewege, 2. Aufl., Berlin.

Moser, K. (2015), Wirtschaftspsychologie, 2. Aufl., Heidelberg.

Mühlfelder, M. (2017a), Einführung in die Psychologie, 1. Aufl., Riedlingen.

Mühlfelder, M. (2017b), Psychologie studieren an der SRH Fernhochschule – The Mobile University, 1. Aufl., Riedlingen.

Müsseler, J. & Rieger, M. (2017), Allgemeine Psychologie, 3. Aufl., Heidelberg.

Myers, D. G. (2014), Psychologie, 3. Aufl., Heidelberg.

Pritzel, M. (2016), Die akademische Psychologie: Hintergründe und Entstehungsgeschichte, 1. Aufl., Heidelberg.

Rauthmann, J. F. (2016), Grundlagen der Differenziellen und Persönlichkeitspsychologie: Eine Übersicht für Psychologie-Studierende, 1. Aufl., Wiesbaden.

Rauthmann, J. F. (2017), Persönlichkeitspsychologie: Paradigmen - Strömungen - Theorien, 1. Aufl., Berlin.

Schmithüsen, F. (2015), Lernskript Psychologie: Die Grundlagenfächer kompakt, 1. Aufl., Heidelberg.

Schröger, E. (2010), Biologische Psychologie, 1. Aufl., Wiesbaden.

Schuster, B. (2017), Pädagogische Psychologie: Lernen, Motivation und Umgang mit Auffälligkeiten, 1 Aufl., Heidelberg.

Strobach, T. & Wendt, M. (2019), Allgemeine Psychologie: Ein Überblick für Psychologiestudierende und –interessierte, 1. Aufl., Berlin.

Wallace E. R. & Gach, J. (2008), History of Psychiatry and Medical Psychology, 1. Aufl., New York.

Internetquellen
Berufsverband Deutscher Psychologinnen und Psychologen (2014), Quo vadis, Psychologie: Aktuelle Entwicklungen und Herausforderungen, https://www.bdp-verband.de/binaries/content/assets/verband/bdp-berichte/bdp-bericht-2015-quo-vadis-psychologie.pdf, zuletzt aufgerufen am 14.02.2021.

Berufsverband Deutscher Psychologinnen und Psychologen (2018), Berufsbild Psychologie: Psychologische Tätigkeitsfelder, https://www.bdp-verband.de/binaries/content/assets/beruf/berufsbild/bdp-berufsbild2018.pdf, zuletzt aufgerufen am 14.02.2021.

BEI GRIN MACHT SICH IHR WISSEN BEZAHLT

- Wir veröffentlichen Ihre Hausarbeit, Bachelor- und Masterarbeit

- Ihr eigenes eBook und Buch - weltweit in allen wichtigen Shops

- Verdienen Sie an jedem Verkauf

Jetzt bei www.GRIN.com hochladen und kostenlos publizieren